Bibliografische Information der Deutschen Bibliothek

Die Deutsche Bibliothek verzeichnet diese Publikation in der Deutschen Nationalbibliografie; detaillierte bibliografische Daten sind im Internet über http:/dnb.ddb.de abrufbar.

LITERATUR- UND QUELLENANGABEN
Div. Zeitschriftennummern von DIE HEIMAT
Plattdeutsches Wörterbuch von OTTO MENSING
Grimmsches Märchenbuch

BILDNACHWEISE
Hr. Hans Mumm, Sörup, Nachlass Sievers: Seiten 36, 37, 46;
Hr. Thomas Backens, Marne: Seiten 24, 30, 40, 48, 52;
Hr. Theodor Möller, Kiel: Seiten 26, 27 o., 27 u.;
Hr. Hans Saebens (Aufn. v. 1930): Seite 38;
Hr. Klaus Groth, Hohn, Seite 61;
Hr. Lorenz Kahl, Rendsburg, Seite 51;
Alle übrigen Bilder aus dem Archiv des Verfassers (Archiv Mahrt/Storm)

Gesamtherstellung: Husum Druck- und Verlagsgesellschaft
Postfach 1480, D-25804 Husum – www.verlagsgruppe.de

ISBN 978-3-89876-287-8

Hans Hermann Storm

Ja, so weer dat!

Bilder und Geschichten vom Lande

Husum

Vorwort

„Ja, so weer dat fröher", mag manch bestätigende Antwort in einer heutigen Seniorenrunde lauten, wenn es wieder einmal um Erinnerungen und Geschichten von damals geht. Mit „damals" ist im vorliegenden Buch die erste Hälfte des 20. Jahrhunderts gemeint. Der Buchinhalt spiegelt die damaligen Lebens- und Arbeitsbedingungen der heutigen älteren Menschen wider. Sie hatten ihre kräftezehrenden und z. T. monotonen Arbeiten leisten können, weil sie bereits in ihrer Kindheit gelernt hatten, persönliche Wünsche zurückzustellen, den Mund zu halten und Ausdauer zu entwickeln. Von Frauen verlangte man damals während ihrer Ausbildungszeit in den für sie vorgesehenen typischen Berufen mit Kindern, Küche und Kirche besondere Charaktereigenschaften wie Anpassung und Durchhaltevermögen. Häufig mussten sie noch ungerechte Behandlungen ihrer Vorgesetzten erdulden. Etliche von ihnen hatten im Laufe ihres Lebens durch Geldknappkeit und Arbeitslosigkeit entstandene Nöte kennengelernt. Lauscht man heute ihren Erzählungen, dann sollte bedacht werden, dass ihr Rückblick oft ein wenig verklärt ist, weil Vergangenes meistens glorifiziert wird.

◀ *Jürgen Mahrt (rechts) im Gespräch mit Karl Müller, dem Chefredakteur der Landeszeitung*

Dieses Buch zeigt Szenarien, die vorzugsweise den Hausfrauenbereichen zuzuordnen sind. Themen wie die Große Wäsche, das Hexen und alte Kräuterrezepte, das Leben auf dem Hühnerhof, ein alter Brautbrief mit „Liebesknoten", das Bierbrauen und das Kuchenrezept, das immer gelingt, führen uns in die damalige „gute alte Zeit" zurück.
Der größte Teil der gezeigten Bilder stammt wieder aus den Kameras meines Großvaters Jürgen Mahrt (1882–1940). Einige hinzuerworbene Motive runden die Bilderfolge ab. Während den volkskundlichen Themen nach Möglichkeit hochdeutsche Texte zugeordnet wurden, ließen sich einige Erzählungen und Döntjes treffender auf Holsteiner Platt erzählen. Der Textanteil von Hoch- zu Plattdeutsch ist dadurch fast ausgeglichen. Weniger gebräuchliche plattdeutsche Wörter sind zum besseren Verständnis im Anhang erklärt.

Beim Betrachten der Bilder und beim Lesen wünsche ich Ihnen viel Spaß.

Hans Hermann Storm

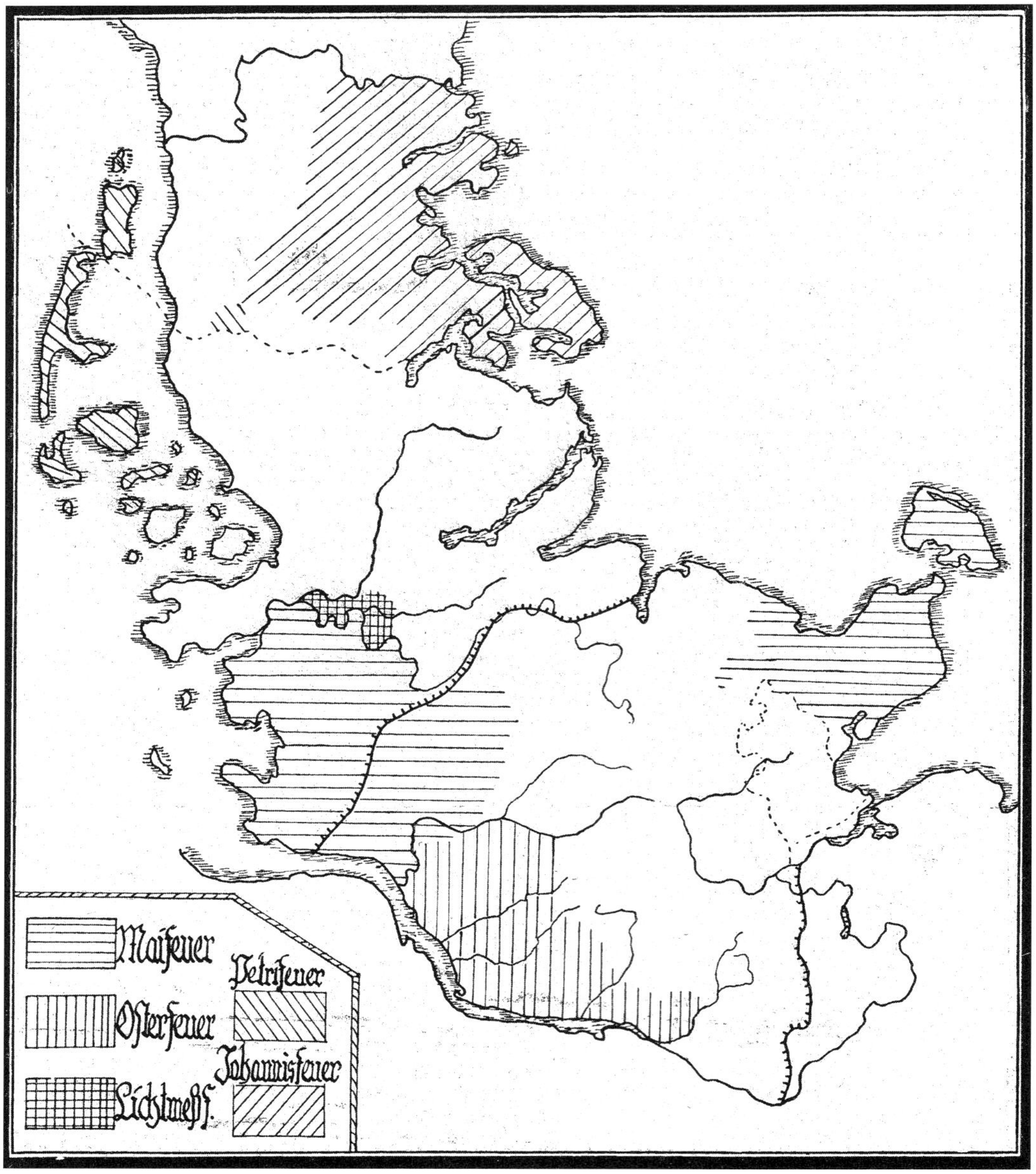

Laag von de ünnerscheedlichen Füeren in Sleswig-Holsteen

Bi uns hier in Norden geev dat fröher fief verscheeden Füerfesten. Dat weern: dat Johannisfüer in Südjütland (Dänemark), dat Osterfüer in de Wilstermasch, dat Maifüer in Dithmarschen un in Ostholsteen, dat Petrifüer an 21. Februar in Deelen von Nordfreesland un op de Inseln un ok noch dat Lichtmessfüer an 1. oder 2. Februar in Stapelholm un birüm. Hier vertell ick avers blots över dat Stapelholmer Lichtmessfüer, dat noch üm 1930 rüm in över 15 Dörper afbrennt worrn is. Dat Lichtmessfüer worr ok Beeken- oder Böökenbrennen nennt, wieldat se de Beeken (Strohfackeln) op Bargen un op'n Eiderdiek gegen Abend afbrennen. Al en paar Daag vörher maken sick de groten Schooljungs un ok de Deerns ehre „Baaken“ ut langes Roggenstroh (männigmal mit'n Stüttknüppel bin) torecht. Je öller un grötter de Gören weern, ümso dicker un höger dörvsten se de Baaken mit Stroseils un Sackstau tosamenbinnen. Recht groot wussen Bengels bunnen sick denn ok Strohbünsels von 60 cm Dörchmeter tohoop un trocken se bit to 5 m in de Hööchte. An

Dat Stapelholmer Lichtmessfüer

ersten un männigmal opto ok an tweten Februar trocken rund 20 Gören gegen halv acht mit ehre Beeken butendörps na'n Eiderdiek rut un stellen sick dor in een Reeg op. Denn heel de erste Füerlöper, de na de Windsiet hin stünn, sien Fackel dal, leet ehr an de Spitz ansteken un reet ehr wedder piel in de Luft hoch. Nu steken sick de Beeken een an'nanner dörch den Wind an un brennen langsam von baben na nerrn dal. Erst wenn de ümbilopen Baakendrägers ehre Fackeln vör Hitten nich mehr holen kunnen, smeten se den Bünselrest op'n groten Dutt, dat amenn ok noch en smuckes Hopenfüer in Gang keem. Laat in de Dörtigern harrn sick en paar Jungkerls in Petroleum dükerte Törfsoden op lange Staakforken ropsteken un lepen mit düsse niemodschen Fackeln mit in de Beekenreeg. Ole Buern un Daglöhners menen affällig dorto, dat düsse Fackelaart överhaupt nich passen dee. Vele Dörpslüüd un Öllern mit Lüttkinner an de Hand weern mit na'n Diek rutkamen, üm sick dat Füerwark antokieken. De Olen keken sick dat Füer an un sään: *„Brennen de Beeken hell un mit rodes Füer, denn gifft dat'n drögen Sommer, brennen se düster, denn gifft'n natten Sommer. Wenn to Maria Lichtmess so veel Sünn is, dat'n Dragoner sien Perd saddeln kann oder dat'n sieden Dook drögen deit, denn warr't goot Wedder geven. Un wenn morgens an'n Tuun Daudrüppens hängen doot, denn warr't Frost geven. Weer Lichtmess hell un klaar, bedüüd dat'n godes Jahr.*"
Wenn dat Füer ut weer, denn güngen allemann wedder na Huus. De Buerjungs, Knechten un Deerns drepen sick avers noch op en Lohdääl, drunken, sungen un danzen, *„dat de Schiet bit in't Schapp floog"*.

Stolt wiest he sien Beeken ▶

◀ *De Beekendrägers hebbt sick opstellt*

Worrn de Olen in't Dörp dorna fraagt, wat dat wohl mit dat Beekenbrennen op sick harr, denn sään se dörchweg:
„*Dat ist al jümmers so Sitte west un dat hebbt se all de Jahren so maakt. To Mariä Lichtmess, genau in de Merrn von Winter, müss jede gode Buer noch de halve Füerung (Brennholz, Torf), dat halve Heu un Stroh (Viehfutter) un ok noch sien Knipp (Geldtasche) half voll Geld hebben, he müss as Teken dorför de Gören mit Beekenstroh versorgen.*"
Dat verklaar allerdings heel wenig över de Geschicht von't Beekenbrennen. De kulturelle Ursprung von all de Füern weer sachs, dat mit de Strohfüerhitten de griese un kole Winter verdreven un dat Fröhjahr begrööt warrn schull.

◀ *Nu loopt se mit ehre brennen Beeken op'n Diek ümbi*

Brennt dat Lichtmess hell un klaar, bedüüdt dat'n godes Jahr

Bi't Flassutrieten

Vör lange, lange Tieden wahn baben in Norden, dor, wo de Bargen unendlich hoch sünd un dat meiste Land durig ünner Ies un Snee liggt, en Zeegenharr (Ziegenhirte) mit Fruu un Kind in en lütte Kaat. Dag för Dag mött (hütete) he sien lütte Zeegenhaard (Ziegenherde) op dat saftige Gröönland üm sien Kaat rüm, pass jümmers goot op un weer ok mootig gegen wille Deerten.

Ofschons he heel tofreden weer, kreeg he unvermoots en grotes Lengen (Sehnen) na de hogen un blanken Iesbargen hin. He wull to gern weten, wat op de hogen Bargen weer un wat för Wunner dat viellicht noch op de annere Siet geev. As he dat nich mehr utholen kunn, nehm he sien Flitzbagen to Hand, smeet sick en Bünsel mit Tehrbroot un Tüüg över de Nack un maak sick op'n

Dat Märken von' Flass

Weg. Bald keem he bi den Barg an un dat Kladdern in't Ies güng los. He steeg hoch un jümmers höger, bit opletzt vör en riesige Ieswand keen Dörchkamen mehr weer. Na veel Söken funn he avers doch noch en smucke Iespoort, de man knapp to sehn weer. He güng stracks hindörch un keem na en korten Stoot in en Prachtsaal rin. Von de Wänn blinkern dusend mal dusend Kristallen un Edelsteens un an de Deck hungen so veele Lantüchten, dat de Saal sünnenhell lüchten dee. In de Merrn von düssen Ruum seet en lichtstrahlen Fruu mit'n Struusch von himmelblaue Blomen op'n Schoot, se weer de Göttin Hulda. De Harr weer von all dat Licht un opto von düsse Schönheit so deep mitnahmen un hinfällig, dat he, ohn dat richtig to marken, in de Kneen dalgüng. Anröhrt keek de Göttin op em dal un sää denn: *„Stah op, mien leve Gast, kiek di hier ganz in Ruh üm, un söök di denn von allens, wat du hier an Wunnerwarken sühst, dat na dien Dünken Wertvollste ut, dat schallst du nämlich von mi as Geschenk hebben."*

So worrn de ▶ Flassstängels braken

Flassspinnen blang den Bilegger

De Harr kunn sien Ogen avers noch nich von de göttliche Hulda afwennen un beedt dorüm blots üm den blauen Blomenstruusch in ehre witten Hänn. Dorophin keek em de Göttliche deep an, graleer em to sien Wahl un verklaar em denn: „*Du hest di dat Kostbarste utsööcht, mien leeve Gast, nu nimm düsse Blomen ut mien Hand un bring de Menschen dormit Segen in't Huus!*" Blang den smucken blauen Struusch kreeg he opto noch dusend mal dusend Samenkörners mit un as he wedder in de Kneen sack un sick bedanken wull, dor worr dat miteens donnern un blitzen un de hillige Hulda weer verswunnen. Lang stünn de Zeegenharr noch nadenkern mit de Blomen un de Körners op'n Placken, bit he endlich wedder to sick keem. He güng ut de Iespoort rut, kladder erst de Ieswand dal, leep denn den Barg rünner un stünn amenn bi sien Hardenkaat vör de Döör. Dor fraag sien Fruu em ok glieks, wo he denn blots dat ganze Jahr west weer, denn nix weer pleegt worrn över de Tiet un all de Zeegen weern von wille Deerten dootmaakt worrn. Doran, dat em dat ganze Jahr as een aflopen Dag vörkamen weer, mark he, dat he'n wahres Wunner beleevt harr, un fung nu furts an, dat ganze Grasland ümtograven un denn de Samenkörners uttoseien un mit de Hark intoarbeiten. Sien Fruu harr toerst keen richtiges Tovertruen in sien Doon un weer heel trurig.

As later dat ganze Feld himmelblau lüchten dee, dor worr se avers wedder goden Sinns mit ehren Mann. Bald weer dat Blöhen vörbi un de Knöffeln (Knospen) worrn geel un riep. Miteens stünn de Göttin Hulda vör de Döör un sää to de beiden Katenlüüd, dat düsse Planten Flassplanten weern. Se verklaar, dat de Flass erst mit de Wuddel utretten, na't Drögen riffelt (gekämmt) un denn utdöscht warrn müss, üm ut de Körner Lienöl to maken. Denn vertell se noch, woans man de Flassstängels möör (mürbe) un kross kreeg un dat se amenn noch brackt un hechelt warrn müssen. As se opletzt noch dat Spinnen un Weven wiest harr, dor duerst dat nich mehr lang, bit dat Hardenpaar un denn jümmers mehr un mehr Menschen ümbi linnern Tüüg drogen. So keem de Flass as göttliche Gaav na de Menschen hin. De Göttin Hulda schall sick later noch lang dorüm kümmert hebben, dat de hillige Flass würdig ehrt un ok noog acht worr.

Bi't Linnenweven ▶

Beiderwand weer en Tüügaart, de fröher op de olen Buernweevstöhl herstellt worrn is. Düssen heel stiefbannigen Stoff bestünn ut witte linnern Kettfadens un wullen Inslääg (Schussfäden). Sien Namen hett de Beiderwand in sien ersten Wortdeel sachs dorher, dat he von beide Sieden goot antosehen weer. De twete Wortdeel kümmt von dat holländsche Wort Wand för Tüüg, wat wi ok in unse Wöer Gewand un Lienwand wedderfinnen künnt. Düsse Weevaart keem in de erste Hälft von't 18. Jahrhunnert op, worr vörrangig in de Landwevereen maakt un dorüm sää man ok: „*Es ist ein gewöhnlich Tuch, so die Bauern tragen.*" Weer en Fruu mal'n beten unglücklich wussen un wull dat mit veel Tüüg överdecken, denn heeßt dat domals: „*Se hangt sick veertig Ballen Beiderwand över de Nack.*" Düssen stabilen Stoff weer so durabel (haltbar), dat den Utspruch: „*Fiefkamm un Beiderwand hoolt en Menschenleven lang*", genau richtig weer. Avers ok annere gängige Weevarten as *Dreekamm, dreebahnt Linnen, Dreeschächt, Dreetritt, Dichtslag, Drell, Gassenkorn (för Handdöker), Kalmank, Kiersei (Wulldöker för Fruunslüüd) un Inlett* worrn domals herstellt. Wieldat düt Tüüg (sünnerlich de för de Deensten un Buern sniederten Beiderwandröck un -westen) recht so stark opdroog,

◀ *Dat is'n smucken, deftigen Beiderwandrock*

Mit den Beiderwand dörch't ganze Land

seeg düsse Kledaasch heel groff un pultig ut. Man beurdeel dat dorüm ok as buersch (bäurisch) un minn (minderwertig). Dormit de Beiderwand avers överall topass weer, smuck antosehen weer un sick ok verhökern leet, präsenteren de Dörpswevers dree ünnerscheedliche Muster in verscheeden Klöer (Farben). Dat geev geometrische Muster mit Veerecken un Streken, de sick goot weven leten, denn de vigelliensche Ornamente, de sworer to maken weern, un amenn noch de figürlichen biblischen Musters, de besonners veel Tiet un Gedüür (Geduld) von de Wevers verlangen. To'n Klöern von Inslagwullfadens worrn dotiets dörchweg Naturfarven ut Bläder, Parv (Rinde) un Wuddeln von Planten bruukt, wieldat de recht so farvfast weern. Beiderwand worr, as wi al höört hebbt, för Bövertüüg to'n Antrecken bruukt un weer för Trueranläss swatt klöert, för Hochtieden weer avers root anraadt. Gröön un blau kemen in Fraag för Alkovenvörhänge un ok to'n Afhängen von de Kohsiet op de Grootdääl, wenn fiert warrn schull.

Stoffutsnitt mit ▶ ländliche Motiven

◀ *De Wever smitt sien Gaarnschipp un sleit mit de Laad*

Wenn naher de Wever recht so fliedig an't Arbeiten weer, sien Gaarnschipp hin- un hersmeet un mit de Laad klappern dee, denn höör sick dat för de vörbigahn Lüüd so an: „*Kantüffeln un Bodder, Kantüffeln un Bodder, Kantüffeln un Bodder*", un de Dörpskinner sungen luut lang de Straat:

Wever, Wever,
wupp, wupp, wupp,
wat wullt du eten,
Supp, Supp, Supp?
Klüten un Melk
un Bodderbroot,
slaa den lütten Wever doot.
Laat'n leven, laat'n leven,
he kann so schön weven,
mit den besten Beiderwand,
reist he dörch dat ganze Land.

En geometrisches Muster leet sich wat lichter weven ▶

◀ *Kochwäsche im großen Gusskessel*

Von Büüktonns un Linnengeters

Früher, in den Dreißigern des 20. Jahrhunderts, planten die Hausfrauen jeweils in Abständen von drei Wochen ihren Waschtag ein. Die ganze Tisch- und Bettwäsche und dazu die anfallende Leibwäsche von ca. zehn Arbeitern musste in den damals durchweg großen Haushalten gewaschen werden. Schauen wir doch einmal in die alten Zeiten zurück, als Waschfrauen ein oder zwei Tage lang von morgens um 6 Uhr bis in den späten Abend hinein mit hochroten Köpfen in den dampfigen Waschküchen ruffelten, plümperten und wrangen. Vielleicht erkennen wir dann die enorme Arbeitserleichterung, die uns die heutigen Waschmaschinen gebracht haben.

Auch Ruffeln will gelernt sein (Lehrwaschküche in einer Haushaltungsschule)

◀ *Wringen an der Wringmaschine der Dreibockbalge*

Windeln und Feinwäsche wurden damals während der Woche von den Müttern und Hausfrauen auf dem Küchenherd nebenher mit durchgekocht. Zum Termin der Großen Wäsche bestellte man allerdings noch die Dorfwaschfrau hinzu, um den gewaltigen Wäscheanfall bewältigen zu können. Bereits am Vorabend wurde die Schmutzwäsche sortiert und in Weidenkörben zur Waschküche gebracht. Dort stopfte man die Leinensachen in eine Buchenlaugentonne (Büüktonn) und laugte sie ein (büken). Diese hölzerne Büktonne stand in Kniehöhe auf einem dreibeinigen Schemel. Zur Laugenaufbereitung wurde ein Leinentuch (Aschendook) über die Fassöffnung gelegt, dort anschließend im Mörser zerstoßene Buchenasche oder, wie in der Marsch üblich, Bohnenstrohasche eingefüllt und dann so lange kaltes Wasser darübergegossen, bis auch die Asche mit Wasser bedeckt war. Nach kurzer Wirk- und Einweichzeit wurde unten am Fass der Stöpsel aus dem Spundloch gezogen, das abgefangene Wasser in den Gusswaschkessel übergefüllt und dort erhitzt. Danach goss man die warme, aber noch schwache Lauge durch die Asche in die Holztonne zurück und ließ sie gut ziehen. Nach dem dritten Durchgang war die Lauge stark genug und blieb über Nacht mit der Leinenwäsche in der Tonne. Am nächsten Morgen beförderte man die Lauge mit der Wäsche in den Kessel zurück und entfachte ein neues Feuer. Unter fleißigem Rühren mit einer Holzkelle wurde die Leinenwäsche

Wäschespülen am Seeufer

zum Kochen gebracht (opkaakt). Während ein jüngeres Mädchen auf das Kesselfeuer achtete, bereiteten die älteren Frauen einen Mehlbüdelteig und füllten ihn ins Tuch, damit die draußen arbeitenden Männer auch an diesem „*hilden*" Tag zur Mittagszeit mit einer besonderen Delikatesse verwöhnt werden konnten. Noch Ende des 19. Jahrhunderts hoben die Wäscherinnen die Kochwäsche mit Holzzangen aus dem Kessel heraus, legten sie auf eine Waschbank und klopften sie dort mit dem Waschholz (Büükholt) kräftig durch. Gut dreißig Jahre später, als endlich brauchbare Waschseife auf dem Markt war, konnten „Büükfatt und Büükholt" zur Seite gestellt werden. Jetzt wurde die Wäsche nach dem Kochen im großen Holzbottich geplümpert (plümpern) und bald danach in der Dreibockbalge geruffelt (ruffeln). Weil für die feinere Wäsche die Blechruffel zu grob erschien, schafften sich viele Haushalte zusätzlich eine kleine Glasruffel an. Nach der im Wechsel erfolgten Ruffel- und Wringarbeit schloss sich als nächster Arbeitsgang das Spülen (Spölen) an. Erst wenn beim Spülen klares Wasser herausgewrungen wurde, stellten sich zwei Frauen voreinander und wrangen (wrungen) das Restwasser heraus. Früher kam das Leinenzeug anschließend hinaus auf die Bleichwiese, wurde dort ausgebreitet (utspreed), festgepflockt (fastplockt), des Öfteren mit Gießkannen (Linnengeters) benetzt und durch die Sonneneinwirkung gebleicht (bleekt). Die Wäscherinnen konnten allerdings sehr ärgerlich werden, wenn Hühner, Gänse oder das „Görenvolk" sich auf der weißen Pracht tummelten und entsprechende Spuren hinterließen. Ab den Dreißigern des 19. Jahrhunderts hörte dieses Wiesenbleichen wegen zu hohen Arbeitsaufwands jedoch auf. Zum Bleichen gab man jetzt hausgemachte Bleichmittel (Ingwer, eine Handvoll Zitronenscheiben und zerdrückte Eierschalen im Beutel) ins letzte Waschwasser. Nach dem Auswringen gelangte die Wäsche zum Lufttrocknen an die Leine (an de Lien). Beim Aufhängen war jedoch zu bedenken, dass doppelt geflickte Unterwäsche (Schinkenbüdels, Hemdbüxen und Leibchen) auf keinen Fall zur Publikumsseite des Hauses hin an die Leine gelangte, sondern auf der straßenabgewandten Hausseite auftrocknete. Wo Menschen in den vergangenen Jahrhunderten noch sehr im Glauben lebten oder gar dem Aberglauben (Höhnergloven) nahestanden, durfte die Wäsche wäh-

◀ *Wäsche spülen neben der Pumpe im Innenhof*

Mit „Hasselkniepers" an die Leine

rend *„de Twölften"* (der heiligen Zeit zwischen Weihnachten und dem 6. Januar) nicht nach draußen gehängt werden, weil sonst jemand im Hause sterben würde. Vor dem Aufhängen der Wäsche wurde die Leine dann noch im schnellen Vorbeischreiten mit einem feuchten Lappen gereinigt. Als Wäscheklammern fungierten damals Haselnussklammern (Kniepers, Hasselkniepers), die in Armenhäusern oder als Winterbeschäftigung von Fischern geschnitzt wurden. Hing später die weiße Pracht an der Leine, dann stellte man oftmals noch eine Stütze unter die Leine, um dadurch die Wäschestücke ein wenig anzuheben und die Verschmutzungsgefahr durch Hofhunde, Hühner und Gänse zu verringern. In Schwansen meinten damals abergläubische Waschfrauen sogar, dass sich bestes Trockenwetter herbeizaubern ließe, wenn man als erstes Wäschestück eine männliche Unterhose an die Leine hängte und laut in diese hineinlachte. Hatten Sonne und Wind am Folgetag die Wäsche getrocknet, dann blieb nur noch das Bügeln mit den Kohlen- oder Bolzeneisen oder, bei großen Stücken, das Glätten in der Kasten- oder Drehmangel nach, bis die Wäsche wieder in den Schrank (Tüügschapp) zurückgelegt werden konnte.

Ganz ole Aarnsitten laat sick dörchweg op heidnischen Bruuk torüchführen. Later sünd se dörch christliche Andelen noch'n lütt beten verännert worrn. Bi düssen Bruuk güng dat mehrstiets üm Wassen, Diegen (Gedeihen) un Gesundheit för Deerten (Vieh) un Planten. De Buern harrn fröher en fasten Gloven an översinnliche Knööf von Wassen un Diegen op de Koppeln un in de Gaarns. Se sään ehren Seispruch op, wenn se dat Korn in de Eer rinsmeten, un danken op ehr egen Aart later för en gode Aarn. So as bi't Eierhalen jümmers een Ei to'n Naleggen in't Nest liggen bleev, so bleev in den Appelgaarn den letzten Appel för godes Nawassen in't tokamen Jahr an den Boom hängen, in de Kantüffelaarn bleev den letzten Bult in de hüpte (gehäufte) Eer liggen un ok de letzte Rööv worr buten op de Koppel steken laten.

◀ *Dat letzte Föder warrt oplaadt*

Aarnbruuk mit Fock, Aarnkroon un Aarnbeer

In de Kornaarn leten de Buern buten op de Koppel männigmal en paar Quadratmeter Korn op'n Halm stahn. Mit düsse Opfergaven beden se üm en gode Aarn för't tokamen Jahr. Wenn fröher in de Probstei dat letzte Korn afmeiht weer, denn worr ut de letzte Garv en Kornfruu, „dat ole Wief" (Kornmööm), de veel ursprüngliche Wasskraft hebben schull, rutputzt. Se kreeg Arms to Siet rut, worr in de Hüften tosamenknepen un kreeg baben en Koppdook ümbunnen. Opto worr de Oolsch noch mit Kornblomen un anner Rükersch smuck maakt. In't Ostholsteensche op de Göter bunnen de Fruunslüüd to Aarnenn al op Feld en smucke Aarnkroon oder en Aarnkranz torecht, de denn as de Mööm mit dat letzte Föder to Hoff an bröcht un dor an de Herrschaft övergeven worr. An Steed von dat ole Wief un de Aarnkroon oder den Kranz worr in Angeln von de lüttste Deern, de toletzt mit Opbinnen ferdig worrn weer, en lütten dreebeenten Gaffelstock mit Korn un Blomen torechtbunnen un naher as Fock hoch op'n Juuchwagen mit na Huus nahmen. Dor de Buern menen, dat dat Diegen von de ganze tokamen Kornaarn in den Fock seet, övergeev de lütt Deern den symbolischen Fock mit'n Spruch oder sogar mit en richtiges Fockleed an ehre Herrschaft. De Mannslüüd streken (schärften) dorbi ehre Lehen (Sensen) un klötern luut mit de Staakforken, un wenn de Buersfruu nich furts mit de Buddel keem, denn dörvsten se den Kohlhoff afmeihen. Fröher worr steedenwies ünnerscheedlich to en Lüttaarnbeer ok noch en Grootaarnbeer fiert. Dat Lüttaarnbeer heeßt domals in jede Landschaft von Sleswig-Holsteen anners: z. B. Fockbeer, Emmerbeer, Aarnhahn (wiel abends bi't Fieren na en Hahn ünnern Pott slaan worr), de Groot Grütt (wiel dat abends satt Gassengrütt mit'n Fettsee babenop geev), un na de Rapsaarn heeßt düt Lüttaarnbeer Saatküss oder Saatköst.

De Fock warrt bunnen

Hier warrt nu en von Klaus Witt ut Angeln opschreven Fockleed to Papier bröcht:
Dat letzte Swatt hemm wi nu meiht, de letzte Garv is bunnen,
ut Wüppen un ut Blomen ok, de smucksten, de wi funnen,
maak Metta uns den bunten Fock, nu sett em op den Dreebeenstock,
denn lücht he al von wieden.
Trien Anna, lütt Deern, gah du vöran, du musst den Fock hüüt drägen,
weerst bi dat Binnen ja de Letzt, so hest' dien Straaf nu kregen.
Wi maakt dat so as jedes Jahr, un trecken huuswies Paar bi Paar,
den Fock schall unse Fruu hemm.
Erst dreemal üm den Hoffplatz rüm mit Juchen un mit Singen,
uns Leed mutt dörch dat Ekendoor hell na de Grootdöör klingen.
Denn stellt ju vör de Wahnhuusdöör un klingt de Buersfruu luut wat vör
op Leh un blanke Forken.
So, leve Fruu, nu man gau rut, un geev uns wat to drinken,
sünst meiht wi di dien Gröönkohl af, bring uns ok Broot un Schinken.
Hüüt Abend bi dat Fockbeerfest, dor richt' dat Eten uns op' best
mit Riesgrütt, Punsch un Braden.
An allerlevsten drinkt wi Muck, künnt ju em ok goot maken?
Sünst hölpt wi ju dorbi recht gern, verstaht uns op son Saken.
Den Fock stellt op den Peseldisch, he höllt sick lang noch smuck un frisch
un hett en goot Bedüden.

De Fock warrt mit'n Riemel an de Herrschaft övergeven

Na't Aarnfest stünn de Fock in de Döns ▶

Na düssen Spruch feller (forderte) de Meisterknecht (Grootknecht) noch to en „Hooch“ op de Herrschaften op. Abends güng't denn an't Grütteten un in't Ostholsteensche worr af un an noch in den Holländerkeller (Milchkeller) fiert un danzt. Dat Grootaarnbeer worr op de Göter männigmal erst winterdags fiert, wiel denn de Bestellarbeit daan weer un eenfach mehr Tiet to'n Fieren weer. In de Dörper fieren de Lüüd gern alltohopen ehren Aarnball an'n sössten Oktober in den Dörpskroog, wiel denn antonehmen weer, dat ok de Nöligste sien Korn ünner Dack un Fack harr. Stünn in en Dörp keen Saal to Verfögen, denn stellen de Buern Jahr op Jahr ümschichtig ehre Dälen to Verfögen. Düsse Grootdälen worrn leerrüümt un mit Garven, Grööns ut'n Knick un ut Holt smuckmaakt. Ünnerbräder von Kastenwagens worrn as Dischen op Böck leggt un so in U-form opbuut, dat na de Dälendöör hin en Dörchgang för de Schaffers un Schenkers (Bedienung) bleev un de Obrigkeiten as Preester, Buernvaagt un Schoolmeister mit ehre Daams baben mit'n Rüüch na'n Kamin hin op Stöhl to sitten kemen. De annern Fruunslüüd seten an de Kohsiet un de Mannslüüd an de Peersiet von de Dääl op Bänk ut Lüttbräder (kleine Wagenseitenbretter) un Hauklötz. Merrn op de Dääl hung de Aarnkroon an en Böhnbalken un

Mit dat letzte Juuch- un Kronenföder güng't to Hoff an

Störtbalken un Grootdääl worrn för'n Aarnball smuck maakt

en paar an de Deck hängen Lüchtenkränz sorgen för de nödige Sicht. Dormit de Tieren naher bi't Eten de Lüüd nich in de Nack pruschen kunnen, weern de Klappen von de Peerkrüppen dallaten un de Kohsiet mit linnern Laken afhängt worrn. Na't Beden un Danken mit den Preester, den Buernvaagt sien Reed un en paar von den Schoolmeister mit sien Kinner sungen Leder keem endlich de Frische Supp mit Klümp un stülpten Bunten Ries op'n Disch. Achteran geev dat Rindfleesch mit Plummen un amenn noch wat Sööts, üm den Magen to keddeln. Furts na't Afdrägen von't Schöttelwark kemen de Dischbräder an de Kant, dormit dat Platz to'n Danzen geev. Blangen de Grootdöör worrn dree Flachdeckelkastens (Truhen) hinstellt, dormit de Muskanten dor hoch sitten kunnen, goot to sehen un wiet to hören weern. Achter in de Lucht (Querschiff des Hauses) worr noch en Tresen opbuut un denn kunn't endlich losgahn mit de Danzeree. De Arbeiters, de en Windmöhl maakt harrn, d. h. en scheeflaadten Wagen ümsmeten harrn, kregen ünner Gelächter von de anneren Gäst den ersten Danz. Achteran weern de Döschers mit ehren Flegeldöscherdanz an de Reeg un denn danz de Obrigkeit en paar Runnen. Amenn dreih sick dat ganze Gelaag ünner de Aarnkroon. Dormit de stumpe Stamplehm rutschiger worr un flotter danzt warrn kunn, schütten de Geestbuern Kaff un de Maschbuern en Sack Raps över den Footborrn. Mit veel Gejuch, Singen un Drinken danzen sick tomindst de Deensten ut Strümp un Schoh. Fröh an annern Morgen güngen endlich allemann mit ehr Wetenbroot ünnern Arm, dat se pro Paar as Gaav mitkregen harrn, na Huus un to Puuch. An tokamen Dag harrn denn ok de Peer mal ehren „Aarnbeerutslaapdag", wiel de Deensten noch nich wedder nüchtern weern un sick verhalen müssen.

Se leggt letzte Hand an den Aarnkranz

ASBACH
URALT

Das Bierbrauen damals

Der kurze Zweizeiler über Trinkmanieren: *„Es trinkt der Mensch, es säuft das Pferd, doch manchmal ist es umgekehrt"*, dürfte hinreichend bekannt sein. Bilder vom Oktoberfest zeigen uns, dass dieser Spruch auch heute noch zutrifft. Wenn früher auf dem Lande gefeiert wurde, dann bekamen nur Pastoren, Lehrer, Bauernvorsteher und Brautpaare am Haupttisch *„Wien övern Disch"* gereicht. Den übrigen Gästen füllten die *„Schenkjungens"* selbstgebrautes Braunbier und starken Branntwein (Brannewien) in ihre Gläser. Bis weit ins 19. Jahrhundert hinein betrieben in mittelgroßen Landstädten bis zu hundert und noch mehr Bierbrauer ihr Gewerbe. In den Dörfern brauten die meisten Bauern noch ihr eigenes Braunbier. Da ein gutes Bier jedoch nur mit bestem Wasser gebraut werden konnte, teilten die Ausrufer den Bürgern jeweils am Vortage mit: *„Bürger der Stadt, schüttet heute keinen Fäkal in Gräben und Teiche, denn morgen ist Brautag!"*

Zum Braunbierbrauen war gute Braugerste zur Malzherstellung (Molt), Hopfenblüten (Hopenötjes) zur Geschmacksverbesserung, Hefe (Bärm, Ges) für den Gärvorgang, bestes Wasser (Bruuwater) und viel Braugeschick (Bruukunst) nötig.

◀ *Eine stilvolle Dithmarscher Schankstube um 1900*

◀ *Hopfenblütenpflückerinnen (Ötjenplöckers) bei der Ernte*

Zum Reinigen (Keimentfernen) schickte man den Beutelinhalt anschließend noch durch eine Windfege (Stööfmöhl). Nach dem Zerbrechen der gereinigten Körner in der Hausquerne (kleine handbetriebene Steinmühle) füllte man das gebrauchsfertige Malzschrot zur Vorratshaltung in Holzbottiche.

Der Hopfen, der durch seine Bitterstoffe das Bier erst schmackhaft machte, wuchs früher an den Zäunen der Bauerngärten hoch, wurde jedoch auch „kultivierter" mit Bohnenstangen (als Kletterhilfe) angebaut. Im Herbst erfolgte die Hopfenblütenernte. Man schüttete die gepflückten „*Ötjes*" auf große Leinenlaken und verteilte sie dort zu einer dünnen Lage, damit die Sonnenwärme gute Trockenarbeit leisten konnte. Nach einigen Trockentagen begannen die Blüten zu rasseln, wurden dann noch kurzzeitig der warmen Backofenhitze ausgesetzt und anschließend zur Vorratshaltung in Jutesäcke gefüllt.

So wie beim Backen jeweils eine Portion Sauerteig für den Folgebacktag aufbewahrt wurde, so hielt man auch beim Brauen immer eine Portion Hefe zurück.

Und nun zum Bierbrauen auf den Höfen:

Zuerst legte die Hausfrau eine saubere Hafergarbe als Filter unten in das auf einem kniehohen Schemel platzierte Holzbraufass hinein und schüttete dann das Malzschrot darauf. Im Gusskessel daneben war mittlerweile allerbestes Quellwasser erhitzt worden, zu dem kurz vor dem Aufkochen noch zwei Hände voll Hopfenblüten gegeben worden waren. Eine halbe Stunde später füllte sie dieses „*Würzwasser*" aus dem Gusskessel durch

Zur Malzbereitung schüttete man einen Eimer knapp voll Braugerste und füllte ihn dann bis zum Rand mit Wasser auf. Nach vier Tagen Einweichzeit wurden die inzwischen stark aufgequollenen Körner in einem warmen Raum auf ein Leinentuch geschüttet und dort fein ausgebreitet, damit sie in Keimstimmung gerieten. Nach einer Woche keimten die Körner aus, was gleichzeitig bedeutete, dass sich Enzyme gebildet hatten, die die Kornstärke in Zucker umwandeln konnten. Man hatte das Mälzen terminlich zum Brotbacken abgestimmt und konnte deshalb nach dem Ausziehen der Brote das ausgelegte Tuch mit den Malzkörnern bündeln, in den heißen Gewölbeofen bringen und die Körner dort zum Dörren wieder ausbreiten. Bereits nach zwei Stunden Röstzeit waren die Körner braun und knacktrocken geworden. Vorsichtig zog man das Tuch aus dem Ofen heraus und band das Leinentuch an den Zipfeln zusammen. Dann schüttelte und schlug man dieses Bündel so lange, bis alle Keime von den gemälzten Gerstenkörnern abgelöst waren.

ein Sieb in den Braukessel über. Dort löste es innerhalb von zwei Stunden den Malzzucker aus dem Malzschrot heraus. Dann zog die Brauerin unten am Fass den Stopfen aus dem Spundloch heraus, filterte das auslaufende „*Vorbier*" durch Leinentücher in flache Satten hinein und streute zum Gären Hefe darüber. Am Folgetag schöpfte sie mit einer flachen Kelle den „*Bärm*" herunter und füllte das Bier zum Setzen, Klären und Nachgären in Fässer und Flaschen ab. Dieses Schwachbier war nicht sehr haltbar und musste deshalb bald getrunken werden. Das war allerdings kein Problem, weil überall und für jedermann im Hause der Bierkrug (Kroos) zur Verfügung stand. Auch zur Feldarbeit wurden täglich Lechel (2-l-Tönnchen), Beerkann (1,86 l) oder Proppkruuk (1 l) mitgegeben.

Zum Schluss noch ein paar damalige Hinweise zum Braunbier:
„Das Bier, wenn es in Mäßigung getrunken wird, giebt auch gutes Geblüt und thut weder den Nieren noch dem Hirn einigen Schaden, sonderlich wenn es gut vergören und die Hefen genug davon seyen, wenn es nicht zu neu oder auf die Neige gehet. Wer nach dem Wandern die Füße lindern will, soll sie mit Bier waschen, dann ziehet die Müdigkeit wieder aus. Warmbier, so es mit Ingwer und Zimmet, auch etwas Muskatblumen zugerichtet wird, dienet sehr wohl dem verderbten Magen und hilft zur Dauung. Wenn man ein wenig Kümmel dazuthut, mindert es die Schmerzen der Colica."

Gemütliche Bierrunde um 1900

Rezept

Gretels Butterkuchen (gelingt immer!)

Zutaten:

500 g Mehl
3 Eier
6 Esslöffel Zucker
1 Vanillezucker
1 Prise Salz
1 1/2 Tassen kalte Milch
1 Paket Trockenhefe
125–200 g Rosinen
125 g Butter (schmelzen lassen)

Belag:

100 g Butter
80 g Zucker
1 Vanillezucker
150 g Mandelplättchen

Zubereitung:

Alle Zutaten des Butterkuchens verrühren. Über Nacht im Kühlschrank stehen lassen. Am nächsten Tag ausrollen, auf's Blech legen, 2–3 Stunden im warmen Raum gehen lassen.
Belag:
Butter schmelzen, Zucker und Mandeln dazugeben, abkühlen lassen.
Nach der „Gehzeit" den Belag auf dem Teig verteilen.
Bei ca. 220 °C ca. 15 Minuten abbacken.

Guten Appetit!

Grotes Gekakel un Opregen op'n Höhnerhoff

Fröher harr jeden grötteren Hoff en groot Schoof (Menge) Fedderveeh mehr oder weniger frie rümlopen, avers ok de Lüttbuern helen noch so vele Höhner, Enten, Göös un Kuunhahns (Puter, Truthahn), dat se över den Egenbruuk rut noch Fedderveeh slachten un Eier verhökern kunnen. Daglöhners weern sogar besonners op Fedderveeh anwiest, üm blang de Zeeg, en paar Kaninken un den Huusgaarn all de hungerigen Mulen in de lütt Kaat stoppen to künnen.
Wenn fröher lütte Kinner ehre Öllern bi't Höhnerfuddern mal fragen, in wat von Spraak de Deerten mit'nanner snacken deen, denn sää'n de: *„Ju mööt blots genau hinhören, denn kriegt ju dat von ganz alleen mit.“* Se menen, dat se al mal hööрt harrn, woans son Klöönsnack sick anhören dee, de Hahn harr nämlich luut kreiht: *„Kikeriki, hier wahnt rieke Lüüüd, kikeriki, hier kaamt fremme Lüüüd!“* En Ent harr dorop quarkt: *„Waat, waat, aallns Rackerpack, aallns Rackerpack“*, un en Goos harr schreegen: *„De Soldaaten kaaamt, de Soldaaten kaaamt.“* Dorop harr de Ent wedder fraagt: *„Waat för welk, waat för welk?“*, un de Hahn kreih överdreiht: *„Dat's Atillerie, Atillerie, Atillerie“*, de Ent wull allens begöschen un quark dorüm: *„Allns Quark, man saark (sachte), allns Quark, man saark.“*

Op'n Höhnerhoff weer jümmers wat los

En lütten Kinnerriemel seggt wat över den pulterigen Kalekutenhahn (Puthahn) un en truuschüllige Tükehehn ut, dor heet dat nämlich:

Naver, wahr (pass auf) dien Kuunhahn,
ans (sonst) slaa ick dien Kuunhahn doot.
He is mi dörch de Tuun gahn,
dat Lock warrt mi to groot.
De lütte, lütte Tükehehn,
de gung eenmal spazeern,
dor keem de grote Kuunhahn an,
wull mit ehr promeneern.
Du grote, grote Kuunhahn,
du maakst mi noch ganz dull,
wi hebbt'n lütten Hahn to Huus,
un dat weeßt du doch wull.

De Kalekutenhahn pump un puust sich op

Avers ok de Menschen hebbt sick Deelen ut den Höhnerhoff rutkeken un in ehren Alldag rinhaalt, se sään nämlich:
Twee Wievers un een Goos maakt al en Markt oder *dor sitt he nu, as'n Goos op de Eier,* un op de Fraag na't Befinnen worr seggt: *Jümmers op de Fööt, as de Göös, avers man knapp so platt.* Över'n Stuerkopp befunn man: *He is so betsch (eigensinnig) as Schütt sien Ganner* oder *he is jüst so as Missfeld sien Ganner, de swumm dree Daag op'n Diek un*

Mudder Kluck kiekt mit ehre Peerken ut de Luuk

verdösst dorbi. En Preester hett mal meent: *De Goos is'n snaakschen Vagel, för een to veel, man för twee to wenig,* un as he sick en Ei nehmen dörvst, dor sää he: *Ei is Ei,* un lang na dat Goosei hin. En Monarch sää mal: *Kinnerhand is licht füllt* un drück de lütt Deern'n Gooskötel in de Hand. As wi weet, keem amenn de Voss ansleeken un luer üm den Goosstall rüm. He slick an de Stalldöör un meen: *Beter'n lütten Smack (Geschmack) op de Tung as gar nix to bieten.* Annerndags stünn de Stalldöör apen. *Verfehr di nich (erschrick nicht)*, sää dor de Voss un harr'n Hahn bi'n Kragen. As de ool Voss Jahren later vör sien Buu in't Telleriesen rinkeem, dor reep he na ünnern dal: *Adschüüs, mien Kinner, op de Leipziger Mess seht wi uns sachs wedder.*

Kaamt, Tiep-Tiep-Tiep!

Achteran kümmt nu noch en lütten schönen Flirt mang Goos un Ganner:

En Goos un en Ganner
güng'n Stück blang'nanner
dörch't halvlange Gras.
De Ganner sää liesen:
„Büst du nich Luisen
von'n Naverhoff Lass?"

„Nee, ick bün bi Meier
un legg dor mien Eier",
kreeg snippsch he torüch,
„ick gah man spazeern,
wüll blots beet' marscheern
bit neern an de Brüüch."

„So, so", sää de Ganner,
„lütt Naversch, ick wanner
en Stück mit di lang.
Ick seeg al von wieden,
du büst goot to lieden,
so püük is dien Gang."

He fung an to snötern
to rakern un rötern
un kicks ehr mal to.
Den Kopp böör he höger:
„Lütt Deern, kumm doch neger
un tier di nich so."

Dor schreeg de Goos giftig:
„Du büst wohl ni richtig!
Wat wullt du von mi?
Laat uns man von'anner,
wi hebbt sölvst'n Ganner
un di bruukt wi ni!"

◄ *Se harrn de Goos an'n Plock tüdert*

Aus der Huf- und Wagenschmiede war eine „Reparaturwerkstatt" geworden

Bevor unsere „Automobile" (Selbstbeweger) auf den Markt kamen, hatten stationäre Dampfmaschinen, auf Schienen laufende Dampflokomotiven sowie gezogene und selbstfahrende Dampflokomobile bereits die große Technisierungswelle eingeleitet und durch ihre großen Leistungen viele Spinner, Weber (Weberaufstände) und in der Landwirtschaft viele Flegeldrescher arbeits- und brotlos gemacht. Selbstfahrende Dampfmaschinen zogen noch bis in die dreißiger Jahre des 20. Jahrhunderts hinein im Spitzentempo von 5 km/h Dreschmaschinen und Buschhacker zum Einsatzort und trieben sie dort an. Damals wurden vereinzelt sogar noch die vom Engländer Fowler entwickelten Dampflokomobile auf ebenen Äckern zum „Seilpflügen" eingesetzt. Da diese klobigen und äußerst schweren Maschinen für die damaligen Straßenverhältnisse jedoch kaum geeignet waren, mussten erheblich leichtere Kraftmaschinen entwickelt werden. Im letzten Drittel des 19. Jahrhunderts bemühten sich etliche „Tüft-

Motorkutschen auf unseren Straßen

ler“ um diese Aufgabe und brachten auch bald die ersten Automobile auf den Markt. Um 1900 herum verkehrten auf unseren Straßen Postkutschen, Frachtwagen, ein- und zweiachsige Kutschen, Reiter, Fußgänger und – noch äußerst selten – Motorkutschen. Ihren Kraftstoff mussten sich die ersten Motordroschkenfahrer noch so lange von den Apotheken besorgen, bis die nach und nach aus den Huf- und Wagenschmieden hervorgegangenen Autowerkstätten Tanksäulen aufstellten.

Einer der Motorwagenpioniere war der technische Direktor der Gasmotorenfabrik Deutz, Gottfried Daimler. Zusammen mit W. Maybach entwickelte er 1882 hochtourige Benzinmotoren, die zuerst in hölzerne Fahrräder, dann in Boote und schließlich in Kutschen mit lenkbaren Vorderrädern eingebaut wurden. Bereits

Eine Kieler Autowerkstatt Ende der Dreißiger

Holzkarosseriebau

1890 gründete Daimler seine Motorengesellschaft und bald darauf kam das erste Mercedesauto auf den Markt. 1926 wurde die Daimler-Benz-AG gegründet. Jedoch auch Adam Opel, der seit 1862 Fahrräder und Nähmaschinen hergestellt hatte, baute ab 1898 Motordroschken und fabrizierte ab 1928 in der Opel-AG seine Autos. 1932 schlossen sich die Zschopauer Motorenwerke (DKW, das kleine Wunder), Horch (Audi) und Audi zusammen und bildeten die Autounion-AG. Um 1916 begann auch BMW (Bayrische Motorenwerke) mit der Autoproduktion und brachte u. a. den Dixi auf den Markt. In den Dreißigern kam dann noch VW hinzu und auch Hannomag baute sein „Kommissbrot".

Als der Elsdorfer Bäcker Christian Green 1928 einen neuen Brotverkaufswagen benötigte, da bestellte er sich bei einem Autohaus ein „Stöverfahrwerk mit Motor und Lenkwerk" und beauftragte den Dorftischler mit dem Aufbau eines passenden Holzchassis. Den geschwungenen hölzernen Namenszug an der rechten Fahrzeugseite hatte der Bäckermeister in seinen abendlichen Mußestunden selber geschnitzt.
Wer sich gegen Ende des 19. Jahrhunderts eine Fahrerlaubnis ausstellen lassen wollte, musste mindestens 20 Jahre alt sein, hatte sich in einer Werkstatt mit der Autotechnik vertraut zu machen und diese Kenntnisse danach bei der Poli-

zei nachzuweisen. Damit waren alle Anforderungen für den damaligen Führerscheinerwerb erfüllt.
Als die ersten Motorvelozipeden (Fahrräder mit Motor) und Motordroschken über die Landstraßen ratterten und stanken, da empörten sich die übrigen Verkehrsteilnehmer und forderten von der Obrigkeit, dafür zu sorgen, dass zumindest die Motoren abgestellt werden müssten, wenn Pferdegespanne oder Reiter entgegenkämen. 1901 stellte die Landwirtschaftskammer daraufhin in 10 heute skurril anmutenden Ordnungspunkten zusammen, wie sich die Motordrosch-

Christian Greens Brotverkaufswagen

Der Fischhändler „Petri Heil" verhökerte seine Ware vom Tempodreirad herunter

kenfahrer zu verhalten hätten. In dieser Auflistung war auch eine Hupordnung aufgeführt, welche Folgendes beinhaltete: Jedes Automobil muss mindestens eine tieftonige Hupe haben. Besitzt das Automobil zusätzlich eine helltonige Hupe, so darf diese nicht gleichzeitig mit der Tieftonhupe in Gang gesetzt werden. Außerhalb von Ortschaften durfte jedoch auf einer lose im

Automobil mitgeführten Fanfare geblasen werden. Die kaiserliche Karosse durfte jedoch überall mit ihrer lauten viertonigen Hupe Lärm machen.
1903 mussten alle Fahrzeuge amtlich registriert werden. Aus Berlin wurde Schleswig-Holstein ein „I“ mit einer nachfolgenden Zahlenreihe auf dem Nummernschild zugeordnet, drei Jahre später galt bis 1945 hin dann ein „IP“ mit nachfolgender Zahlenreihe. Während zu Beginn der Kennzeichnungspflicht jedoch nur ca. 40 Autos registriert waren, mussten 1945 bereits über 65 000 Fahrzeuge und Hänger gekennzeichnet werden, sodass die englische Besatzungsmacht sich genötigt sah, eine neue Kennzeichnung vorzunehmen. Die neuen Nummernschilder ließen dann in ihren Buchstaben die Kreis- bzw. Stadtzuordnung erkennen und boten ebenfalls genügend Platz für zu erwartende Neuzulassungen.

Und sonntags mit der Nobelkutsch auf Rutsch

Jbach
Blüthner
Bechstein
Steinway

◀ *Außerhalb von Ortschaften durfte mit der Fanfare getutet werden*

Bei den ersten Autos leuchteten nachts die noch von den alten Droschken übernommenen Lampen die Fahrbahn aus, danach übernahmen Karbidlampen und letztendlich die elektrischen Strahler diese Aufgabe. Heizung, Kühlung, elektrischer Anlasser und viele weitere in den Folgejahren entwickelte „Extras" führten schließlich zu unseren heutigen ausgereiften „Nobelkarossen".

En smucken Bruutbreef von 1712

Wenn man mal richtig in de düstern Huusecken, op'n Böhn achter de Oken oder in Keller söken un rümstöbern worr, denn kunn een viellicht in ole Koffers, Schachteln oder Zigarrenkistens noch männig rares Stück Vergangenheit ut sien langen Dornröschenslaap ruthalen. Blang ole Huus- un Hoffpapieren keem bi son Sökeree ok mal en olen tosamenleggten Bruutbreev mit to'n Vörschien. Düssen Breev is al 1712 von en Verehrer mit veel Leef un Gedüür (Geduld) bemaalt, beschreven, torechtfitschert un denn akraat tosamenleggt worrn. Son Geschenkbreven worrn noch as Handbreven ohn' Ümslag höchstpersönlich an de Uterwählte övergeven. Düt Smuckstück ut Papier bestünn ut luder Harten, de ünnerscheedlich groot weern un in dree Kreisen üm dat Middelfeld rümlopen deen. Op jeedeen von de kunstvoll ut buntes Siedenpapier rutsneden Harten (Scherenschnittarbeit) weer en Bild maalt worrn. Hier weer dat en Bloom, dor mal en Vagel op'n Boom

un denn en Paar Duven, de sick in Leef den Snavel överkrüütz schüeren. Een von de Biller in düssen bunten Paradiesgaarn wiest den Leevgott Amor mit sien Flitzbagen.
In dat Mittelfeld von den Scherensnittbreef stünn schreven:
„Meine liebe gegen Ihr blühet immer für und für."
Op de acht groten Harten stünn:

1. *Sie ist allein mein Schönes liebgen.*
2. *Darumb schenck ich Ihr dieses briefgen.*
3. *Und meld Ihr darin mein begehr.*
4. *Daß Sie die hertzallerliebste wär.*
5. *Meinen freundlichen gruß zu aller stund.*
6. *Dem hertzallerliebsten zuckermund.*
7. *Wenns meinem liebgen geht glücklich und wohl.*
8. *So ist mein hertz ganz freudenvoll.*

En besonnere Freud för de Deern keem noch opto, wenn se de beschreven Papierdören, de över de Harten klappt weern, apenmaken dee, denn dor harr ehren Verehrer noch sinnigere Sprüch rinschreven, de wiet mehr to Harten güngen, nämlich:

1. *Ach röselein roth ach röselein weiß.*
2. *Sie ist meines hertzen paradeis.*
3. *Ich habe die im hertzen auserkorn.*
4. *Vor andern liebgen hochgebohrn.*
5. *Der Pfeil Cupido (Liebespfeil) hat mich angezündt.*
6. *Daß feuer der liebe häfftig brennt.*
7. *Wenn Ihr hertz wäre wie das mein.*
8. *So wolten wir baldt bei ein ander sein.*

Männigmal weer in son Breef noch en rodes Stück Band as groten un ganz losen Knütten mit inleggt worrn. Trock de Deern naher düsse losen Bandennen to'n fasten Knütten tosamen un schick em in en ähnlichen Smuckbreev wedder an den Schriever torüch, denn wüss den Verleeften, dat nu de grote Leef in't Speel weer un dat he bald to'n Frien inladen wörr.

En olen Bruutbreef mit Leefknütten (Liebesknoten)

De Veerlänner Köstbitter laadt to Hochtiet in

Bereits im 12. Jahrhundert gab es hervorragende Ärztinnen wie z. B. Hildegard von Bingen u. a. m., die sich intensiv mit Kräutern und deren Heilwirkung für die Humanmedizin befassten und dann ihr Wissen zu Papier brachten. Aber auch in ländlichen Gebieten praktizierten schon seit Menschengedenken sogenannte „Kräuterweiber", die mit Pflanzenextrakten gute Heilerfolge erzielten. Sie gaben ihre Kenntnisse jeweils mündlich an die Folgegeneration weiter. In späteren Jahrhunderten, als auch die letzten Dorfbewohner schreibkundig geworden waren, schrieben solche Frauen ihre übernommenen Kenntnisse in Loseblättern oder kleinen Handbüchern auf. Bereits damals hatten diese „Naturheilerinnen" herausbekommen, dass einige Pflanzenextrakte Drogenwirkungen aufwiesen. Um dem trägen und mühsamen Alltag für kurze Zeit zu entfliehen, zerstampften sie Tollkirschen, Bilsenkraut und Schierling, vermischten den Brei mit Öl und Schmalz zu einer Salbe und rieben sich damit ein. Das aufgetragene Mittel wirkte schon bald durch die Haut und versetzte die Frauen in Trance. Nach dem Erwachen erzählten sie, dass sie sich unendlich leicht gefühlt hätten und hoch übers Land geflogen seien. Während bei den Germanen die Kräuterfrau beim Thing noch als weise Ratgeberin jeweils neben der heiligen Hag-Idise (u. U. Wortursprung für Hexe) sitzen durfte, erklärte die Kirchenobrigkeit die „fliegenden Kräuterweiber" zu Hexen, die sie zu-

◀ *Der Botaniker mit seiner Botanisiertrommel*

Vom Hexen, dem Besprechen und von alten Kräuterrezepten

erst foltern und dann auf Scheiterhaufen verbrennen ließ.
Noch im 19. Jahrhundert wurde besonders auf dem Lande erst dann nach einem Arzt gerufen, wenn alle gängigen alten Hausmittel zum Einsatz gekommen waren und es um Leben und Tod ging. Folgender plattdeutscher Spruch mag das noch bekräftigen: „Wat schall ick erst den Dokter hem, kann ok starven ohne em.“
Nun wollen wir uns dem Kräuterweiberwissen zuwenden und nur einige aus der Fülle der alten Hausrezepte in Augenschein nehmen: Eine ganz wichtige Heilmittelquelle bot der Holunder, der in Friesland deshalb auch „Hilleboom“ (heiliger Baum) genannt wurde und im Holsteinischen als hillige Ellhorn oder Fleederbeerboom bekannt ist. Ganz früher glaubte man sogar, dass im Fliederbeerbaum die „Ellhornmutter“ wohnte. Wollte jemand diesen Baum fällen, dann hatte der sich vorher bei der Ellhornmutter zu entschuldigen und musste danach einen neuen Holunder einpflanzen und großpflegen. Im Wurzelwerk des Holunders vermuteten unsere Altvorderen den Wohnsitz des Ellhornvolkes (de Lütten). Hielt ein Baumfäller die Vorgaben beim Baumfällen nicht ein, so würden ihn die Lütten verhexen und er würde wirr im Kopf werden. Diesem Baum schrieb man außerdem Wunderheilkräfte zu, denn noch vor 150 Jahren gingen kranke Menschen zum Hilleboom, knoteten ein Bändchen um einen Zweig und baten dann inbrünstig: „*Goden Morgen, Herr Fleeder, ick bring di mien Fewer, ick knütt di dat an, un nu gah dorvan.*“ Oder sie jammerten: „*Ellhorn, ick klaag di, Gicht un Wehdaag plaagt mi, hier röhr ick di an, nu laat dat man gahn.*“

Mädchen beim Waldbeerenpflücken

Auch veredelte Strauchbeeren besaßen Heilkräfte

Hier folgen jetzt ein paar alte **Ellhornrezepte**:

1. Flederblööt an Johannisdag plöckt, in Melk kaakt un in't Ohr drüppelt hölp gegen Ohrrieten.

2. Flederblötentee drifft den Sweet rut un hölp gegen Buukweh, dorüm heeßt fröher en Refrain von en Leed ok: Fledertee, Fledertee, Mudder, mi deit de Buuk so weh.

3. Flederbeerensupp mit Honnig hölp gegen Verköhlen un Buukkniepen.

4. Afschrapte Rinn hölp gegen Roos.

5. Den grönen Bast warrt in Bodder braadt un to'n Linnern denn op Brandwunnen smeert. Früher sagte man: „Wo Ellhorn, Kohl un ok noch Honnig weer, dor bruuk man kenen Dokter mehr."

Und nun zum Huflattich, der nach seiner pferdehufähnlichen Blattform auch „Fahlenfoot" (Fohlenfuß) oder „Hooflörken" genannt wurde. Da er besonders üppig auf kalkhaltigen Böden wächst, nannte man ihn gebietsweise auch „Mergelroos".

Und nun noch zu einigen alten **Huflattichrezepten**:

1. Smökers doot männigmal drögte Hooflattenbläder mang ehr Rookkruut un riet dat dörch de Piep.

2. Düre Teesorten warrt mit drögte Lattichbläder verlängert un opgaten Lattichtees (ut Blöten un Stängels) warrt gegen Bostkrankheiten von binnen un buten anwendt.

3. Hooflattenbläder warrt mit in't Bettstroh rindaan, üm Flöhn un Lüüs aftoholen.

Schneeglocken (Sneeglocken, Winterlillen) waren die ersten Blumen im letzten Schnee. Sie wurden in vielen Legenden erwähnt und sollen direkt aus dem Paradies kommen. Hier nun ein paar **Schneeglockenrezepte**:

1. Bi Bostspannen von Wöchnerinns warrt tweisneden Bloomenzibbeln babenopleggt.

2. Ok över Brandwunnen warrt Bloomenzibbeln röverdaan.

In den **Kuckucksblumenrezepten** heißt es darum auch:

1. Warrt de Wuddel tweireven un in Wien rinmischt, denn hölp dat sachs wat, wenn de Mann dor fix von slucken deit.

2. Tweireven Zippels (Zwiebelwurzeln) in Zeegenmelk rindoon un denn noch Honnig un Peper dorto schull för – Adams Spiel und Freude – sorgen.

3. Kuckucksblomentees maak Wunnen sauber un heelt se.

Beerenzerstoßen im Steinmörser

3. Gegen Malariakrankheiten (t. B. bi't Moordröögleggen von Friedrichstadt) müssen de ersten Blomen mit Stump un Stöhl vertehrt warrn, üm wedder gesund to warrn.

Die Kuckucksblume (geflecktes Knabenkraut) hieß auch „Euerbeuerbloom", weil sie kinderlosen Ehepaaren helfen sollte, doch noch Kinder in die Welt zu setzen.

4. Wenn Lüttkinner den Kuckucksbloomtee inlepelt warrt, denn geiht de Dörchfall weg.

5. Mit Kuckucksbloomtee nattmaakte Wickel schüllt gegen Schwindzucht hölpen un ok dat Wesselfever warrt so behannelt.

De Urkraft in düsse Bloom as „Aphrodisiakum" worr för besonners wichtig holen, wat sick ok in Namens as Preesterroos, Pastorendeern un Pastorenlill wiesen deit.

Besprechen mit Segen- und Heilversen:
Die meisten Segen- und Heilverse wurden nicht bei lebensgefährlichen Krankheiten angewendet, sondern waren für die Linderung kleiner sichtbarer Plagen wie Zahnweh, Warzenbefall, kleine blutende Wunden, Rosen und andere Hautkrankheiten gedacht. So wie der Bauernsohn und spätere Mönch Rasputin (der Hemmungslose) die Kunst des Blutstillens von alten Hufschmieden übernommen hatte und um 1900 durch diese Fähigkeit die Gunst der bluterkranken russischen Zarenfamilie errang, so erwuchsen bei uns im Norden solche Heiler eher aus den Reihen skurriler Schäfer und Eremiten, die es oft wie der über die Landesgrenzen hinaus bekannte Heideschäfer Heinrich Ast zu erheblichem Ansehen brachten.
Beim **„Raden“** waren allerdings einige Hinweise zu bedenken.

1. Dat Raden müss heemlich maakt warrn un dörvst nich naseggt warrn (nicht weitererzählt werden).

2. Nümms (niemand) dörvst dorbi snacken un den Spruch müss suustert (geflüstert) warrn.

3. De Kranke müss jüst as de Rader en fasten Gloven to de Saak hebben.

4. De Rader dörvst nich op Geldheischen (Gewinn) ut ween.

◄ *Schäfer und Eremiten verfügten oft über sog. übersinnliche Kräfte*

5. De Rader müss jedes Mal to'n Sluss von sien Riemels de Dreeenigkeit anropen mit de Wöer: Im Namen des Vaters, des Sohnes und des Heiligen Geistes, wat ok dörch Wiesen oder schriftlich mit dree Krüüzen maakt warrn kunn.

6. Dat weer ratsam, düt ganze Behanneln dreemal to wedderhalen un, wenn't nödig dee, en paar Daag later dat ganze noch mal wedder to maken.

Schäfer Ast erwartet Heilsuchende

Wer heutzutage an Warzenbefall oder Rosen leidet und aus der schulmedizinischen Behandlung als nicht geheilt bzw. austherapiert entlassen wird, kann sich hier in einigen Sprüchen erlesen, wie ein „Rater" in solchen Fällen behandeln würde.

1. Gegen offene Wunden und Bluten:

a. Bloot stah still, dat is Marias Will, dat is Marias Ehr, stah still un blööd nich mehr.

b. Bloot stah in diene Wunnen, as bi unsen Herrn Jesus in sien letzen Stunnen.

c. In Joseph sien Gaarn dor blöht dree Blomen, de een de blöht witt, de annere root, hiermit still ick all dat Bloot.

2. Gegen Brand (Entzündungen und Brandwunden):

a. Ick gah över Sand un Land, dor bemött (begegnete) mi en dode Manneshand, ick nehm de dode Manneshand un still dormit dat Füer un Brand.

b. Hoch is de Heven, root is de Kreev, koold is Doodmanns Hand, dormit still ick Hitt un Brand.

3. Gegen alle Rosenarten:

a. Dor keem en Jungfruu ut Engelland (Himmel), söven Rosen droog se in ehre Hand, de Jungfruu gewunn, de Roos de verswunn.

◀ *Manchmal hilft vielleicht ein stilles Gebet?*

b. All de Glocken klingt, alle Menschen singt, alle Evangelien warrt leest, Roos, du büst west.
c. Jesus zog zu Wasser und Land, er hatte drei Rosen in seiner Hand, die eine verflog, die andre verschwand, die dritte war deine und auch die verschwand.

4. Gegen Warzen und Hühneraugen:

Man geiht bi tonehmen Maand ünner en överstahn Reetdack un striekt dreemal mit'n Speckswaart oder mit'n swarte Snick över de Waart, dorbi warrt suustert:
a. Goden Abend doch, Herr Maand, wat ick ankiek, dat gewinnt, wat ick överstriek, dat verswinnt.
b. Man gifft de Waart en Doden mit in't Graff, wenn man mit de Dodenhand överhinstriekt un denn seggt:
Waart, nu gah den Doden na.

5. Gegen allerlei Suchten (wie Gelbsucht, Schwindsucht und Nesselsucht):

a. Man stell sick an dree Abenden ünner en Appel- oder en Fleederbeernboom, heel (hielt) en Twieg över sien Kopp un suuster (flüsterte) denn:
Fruchtboom ick klaag di, de Swindsucht de plaagt mi, de erste Vagel, de över di flüggt, de nimmt mien Swindsucht ünner sien Flücht (Flügel).

6. Gegen allerlei Augenkrankheiten:

a. Mit Marias segnender Hand und Christi Glauben, still ich den Star aus deinen Augen.
b. Dor güngen dree Jumfern in't Gröön. De een puust Gras, de anner puust Loof, de drütt puust dat Maal von't Oog.

Oder bringt ein „Pharisäer" ▶ gar mehr Trost?

Uns Herr harr sien Schöpfung so wiet torecht, dat de Eer gröön weer, de Deerten rümkropen un ok de Mensch sick inrichten dee. Eens avers stünn noch ut, nämlich wo veel Levenstiet he jedeen Deert un de Menschen tometen wull. Dorüm leet he allens, wat hücheln (atmen) dee, een na'nanner bi sick antreden.

Nu weer de Esel an de Reeg un fraag: „*Wo veel Jahren hest du mi denn todacht, Herr?*“ Dor meen de leve Gott: „*Ick harr so üm un bi an knappe veertig Jahren dacht, is doch'n reelle Tiet.*“ „*Oh leve Gott*“, reep dor de Esel, “*dat dörvt doch nich wahr ween, so lang schall ick mi bepacken un slaan laten, mi dücht, ick heff dat nich verdeent, dat över so veel Jahren Dag för Dag mit mi schubst un rümstött warrt, Herr, dat kannst du mi nich andoon.*“ „*Denn wüll ick'n Insehen mit di hebben*“, sää de Herr, „*un di de Last üm de letzten twintig Jahren körten.*“ – Wat weer de Esel dormit doch blots tofreden.–

Beten wat later weer de Hund an de Reeg un fraag den Herrn: „*Wo veel Jahren hest du mi denn wohl todacht, Herr?*“ Gott sää: „*Mi dücht, so an knappe veertig Jahren weern sachs goot för di, du hest dat ja warm un dröög in't Huus.*“ „*Oh, leve Herrgott*“, jank dor de Hund, „*de ersten Jahren möögt wohl angahn, wenn ick noch flott to Foot bün, jiffeln, bieten un oppassen kann, avers von de laten Jahren, leve Herr, wenn ick blots noch rümstülter, nich mehr blaffen un rüken kann un to gar nix mehr nütt un blots noch ünner Fööten bün, dor musst du mi recht wölke von aflaten.*“ „*Goot*“, sää dor de Herr, „*denn laat ick di de letzten föfftein Jahren af.*“ – Wat weer de Hund dormit doch blots tofreden. –

De Levenstieden von Deerten un Menschen

(na en Grimmsches Märken)

Nu keem de Aap anwüppen un fraag den Herrn: *„Mien Herrgott, wat meenst du, wo lang ick wohl leven schall?"* De meen denn: *„Du lütten Wüppstert springst jümmers lustig ümbi, schüttst Koppheister un speelst den Bajazz, du dörvst gern knappe veertig Jahren oolt warrn."* *„Ach, mien leve Herrgott, blots dat nich"*, jammer dor de Aap, *„dat is so swoor, Dag för Dag Spijöök un Grimassen to maken un to sehen, dat de Menschen över mi lacht, so lang hool ick dat wiss nich ut."* Dat kunn de Herrgott insehen un meen denn ok: *„Ick wüll di wat Goot's doon un laat di de letzten tein Jahren af."* – Wat weer de Aap dormit doch blots tofreden.

As all de Deerten ehre Levenstiet tomeet kregen harrn, dor keem endlich de Mensch an de Reeg un fraag: „*Gott Vadder, wat dücht di, wo lang schall ick leven?*“ „*Knappe veertig Jahren is'n reelle Tiet*“, befunn de Herr. „*Mien Gott*“, reep dor de Mensch, „*dat lohnt ja nich dat Anfangen. Wenn ick Appelbööm plant heff un se fangt richtig an to drägen, denn mutt ick al ut de Welt, nee, leve Herr, legg noch recht 'n paar Jahren dorto.*“ „*Goot*“, sää dor de Herr, „*denn kriggst du de twintig Jahren opto, de de Esel opletzt nich mehr hebben wull.*“ „*Ick bruuk avers mehr Jahren*“, beddel de Mensch, un Gott meen: „*Denn schallst du ok noch de föfftein Jahren dortohebben, de de Hund eenfach nich mehr hebben wull.*“ „*Mehr, mien Herrgott*“, bever nu dat Menschenkind, „*ick müch mehr Levenstiet hebben*“, un unsen gnädigen Herrgott sää: „*Di schüllt de letzten tein Jahren togoot kamen, de ick den Aap aflaten heff un dormit mutt dat nu avers goot ween.*“

– So is de Mensch to siene Levenstiet kamen. –
De ersten reellen veertig Jahren leevt de Mensch denn ok mit sien Knööf, is gesund, kann fix arbeiten un buut wat op.
De twintig von den Esel överkamen Jahren sünd avers recht wat besweerlicher, dat Menschenkind föhlt sick möör un männigmal ok al heel mööd.
Denn kaamt de föfftein Jahren, de den Hund aflaten worrn sünd, de Knööf warrt weniger, de Tähn fangt an to wackeln un de Fööt warrt iesig koolt.
Över de tein Jahren von den Aap warrt he al meist'n beten kinnerhaftig, he warrt nich mehr veel reekt un de Lüüd lacht över em, maakt ehren Spijöök mit em. Wat goot, dat de Herr amenn noch'n Insehn mit sien Menschen hatt hett, as he sää: „*Dormit mutt dat nu avers goot ween.*“

Plattdeutsch-hochdeutsche Worterklärungen

Aap	= Affe
Aarn	= Ernte
Beer	= Bier, Festlichkeit
bevern	= beben, zittern
Bleekwisch	= Bleiche, Bleichwiese
Bökenasch	= Buchenasche
Bövertüüg	= Oberkleider
Bünsel	= Bündel
Deensten	= Dienstleute
Deerten	= Vieh, Viecher
Diegen	= Gedeihen
Döns	= Diele, Wohnraum
Dutt	= Haufen
Gaffelstock	= Gabelstock
Hasselknieper	= Wäscheklammer
Hopenfüer	= Haufenfeuer
Inweekstoot	= Einweichzeit
keddeln	= kitzeln
Kledaasch	= Kleidung
klöert	= gefärbt
Knööf	= körperliche Kraft
Knütten	= Knoten
Köstbitter	= Hochzeitsbitter (Einlader)
Lohdääl	= Diele, Tenne
miteens	= plötzlich
möör	= mürbe, zermürbt
Muck	= bek. Angeliter Getränk
nerrn	= unten
nölen: nölig	= trödeln; langsam
ofschons	= obwohl
Oken	= Stauecke auf dem Dachboden
Peseldisch	= Dielentisch, Wohnzimmertisch
Placken	= Fleck, Flecken
Puuch	= Bett, Schlafstätte
Reeg	= Reihe
Rükersch	= Blumen
rümstültern	= herumstolpern
Schapp	= Schrank
Seispruch	= Säspruch
Spijöök	= Spaß, Albernheiten
stiefbannig	= steif, ungelenk
Swatt	= Mähschwad
tüdern	= anpflocken
Tuun	= Zaun
vigelliensch	= komisch, seltsam
Wichelkorv	= Weidenkorb
Wierstütt	= Wäscheleinenstütze
Wüppen	= Haferrispen (Getreidefruchtstand)

Inhalt